Bibliografische Information der Deutschen Nationalbibliothek:

Die Deutsche Bibliothek verzeichnet diese Publikation in der Deutschen National-bibliografie; detaillierte bibliografische Daten sind im Internet über http://dnb.d-nb.de/ abrufbar.

Impressum:

Copyright © 2013 GRIN Verlag, Open Publishing GmbH
Druck und Bindung: Books on Demand GmbH, Norderstedt Germany
ISBN: 9783668303041

Dieses Buch bei GRIN:

http://www.grin.com/de/e-book/340781/literatur-und-wortliste-zur-muendlichen-magisterpruefung-im-nebenfach

Verena Fendl

Literatur- und Wortliste zur mündlichen Magisterprüfung im Nebenfach Germanistische Linguistik

GRIN Verlag

GRIN - Your knowledge has value

Der GRIN Verlag publiziert seit 1998 wissenschaftliche Arbeiten von Studenten, Hochschullehrern und anderen Akademikern als eBook und gedrucktes Buch. Die Verlagswebsite www.grin.com ist die ideale Plattform zur Veröffentlichung von Hausarbeiten, Abschlussarbeiten, wissenschaftlichen Aufsätzen, Dissertationen und Fachbüchern.

Besuchen Sie uns im Internet:

http://www.grin.com/

http://www.facebook.com/grincom

http://www.twitter.com/grin_com

Literaturliste zur mündlichen Magisterprüfung im Nebenfach Germanistische Linguistik

Für den Einstieg in die einzelnen Themengebiete wurde die Monographie von **Christiane Wanzeck** (2010), Lexikologie. Beschreibung von Wort und Wortschatz im Deutschen. Göttingen (= UTB 3316) verwendet.

1. Themenbereich: Wortverbindungen als lexikalische Einheiten

- Burger, Harald (2010), Phraseologie – Eine Einführung am Beispiel des Deutschen. 4. neu bearb. Aufl. Berlin (= Grundlagen der Germanistik 36).
- Busse, Dietrich (2002), Wortkombinationen. In: Cruse, D. Alan; Hundsnurscher, Franz; Job, Micheal; Lutzeier, Peter Rolf (Hrsg.), Lexikologie. Ein internationales Handbuch zur Natur und Struktur von Wörtern und Wortschätzen. Berlin, New York: 408-415 (= HSK 21.1).
- Hundsnurscher, Franz (1993), Die „Lesart" als Element der semantischen Beschreibung. In: Lutzeier, Peter Rolf (Hrsg.), Studien zur Wortfeldtheorie. Tübingen: 239-250 (= Linguistische Arbeiten 288).
- Lüger, Heinz-Helmut (2007), Pragmatische Phraseme: Routineformeln. In: Burger, Harald; Dobrovol'skij, Dmitrij; Kühn, Peter; Norrick, Neal R. (Hrsg.), Phraseologie. Ein internationales Handbuch zeitgenössischer Forschung. Berlin, New York: 444-459 (= HSK 28.1).
- Schindler, Wolfgang (1996), Mehrwortlexik in einer lexikologischen Beschreibung des Deutschen. In: Weigand, Edda; Hundsnurscher, Franz (Hrsg.), Lexical Structure and Language Use. Proceedings of the International Conference on Lexicology and Lexical Semantics, Münster 1994. Tübingen: 119-128.
- Wanzeck, Christiane (2010), Lexikologie. Beschreibung von Wort und Wortschatz im Deutschen. Göttingen (= UTB 3316).

2. Themenbereich: Innovation und Bedeutungsentwicklung – Möglichkeiten der Wortschatzveränderung

- Androutsopoulos, Jannis (2005), . . . *und jetzt gehe ich chillen.* Jugend- und Szenesprachen als lexikalische Erneuerungsquellen des Standards. In: Eichinger, Ludwig M.; Kallmeyer, Werner (Hrsg.), Standardvariation. Wie viel Variation verträgt die Deutsche Sprache? Berlin, New York: 171-206 (= Jahrbuch des Instituts für Deutsche Sprache 2004).
- Cherubim, Dieter (1988), Sprach-Fossilien. Beobachtungen zum Gebrauch, zur Beschreibung und zur Bewertung der sogenannten Archaismen. In: Munske, Horst Haider; von Polenz, Peter; Reichmann, Oskar, und Hildebrandt Reiner (Hrsg.), Deutscher Wortschatz. Lexikologische Studien. Ludwig Erich Schmitt zum 80. Geburtstag von seinen Marburger Schülern. Berlin, New York: 525-552.
- Koch, Peter (2005), Ein Blick auf die unsichtbare Hand. Kognitive Universalien und historische romanische Lexikologie. In: Stehl, Thomas (Hrsg.), Unsichtbare Hand und

Sprecherwahl. Typologie und Prozesse des Sprachwandels in der Romania. Tübingen: 245-275 (= Tübinger Beiträge zur Linguistik 471).
- Neuland, Eva (2008), Jugendsprache. Eine Einführung. Tübingen (= UTB 2397).
- Wanzeck, Christiane (2010), Lexikologie. Beschreibung von Wort und Wortschatz im Deutschen. Göttingen (= UTB 3316).
- Wiese, Heike (2006), Partikeldiminuierung im Deutschen. In: Sprachwissenschaft 31, 4: 457-489.

3. Themenbereich: Typen des Bedeutungswandels

- Blank, Andreas (1993), Zwei Phantome der historischen Semantik: Bedeutungsverbesserung und Bedeutungsverschlechterung. In: Romanistisches Jahrbuch 44: 57-85.
- Blank, Andreas (1999), Why do new meanings occur? A cognitive topology of the motivations for lexical semantic change. In: Blank, Andreas; Koch, Peter (Hrsg.), historical Semantics and Cognition. Berlin, New York: 61-89 (= Cognitive Linguistics Research 13).
- Keller, Rudi; Kirschbaum, Ilja (2003), Bedeutungswandel. Eine Einführung. Berlin, New York.
- Paul, Hermann (1880/1995), Prinzipien der Sprachgeschichte. 10. unveränd. Aufl. Berlin, New York (= Konzepte der Sprach- und Literaturwissenschaft 6).
- Traugott, Elizabeth C. (2006), Semantic change: Bleaching, Strengthening, Narrowing, Extension. In: Brown, Keith (ed.), Encyclopedia of Language and Linguistics. 2. Edition. Amsterdam u.a.: 124-131.
- Wanzeck, Christiane (2010), Lexikologie. Beschreibung von Wort und Wortschatz im Deutschen. Göttingen (= UTB 3316).

Wortliste zu den entsprechenden Themengebieten

1. Themenbereich: Wortverbindungen als lexikalische Einheiten

Chr. Wanzeck:

Haare waschen; blutiger Anfänger, großer Bahnhof; dicke Luft, kalte Dusche

sich mit fremden Federn schmücken – Schwalben schießen – auf die Kacke hauen

volles Haus – leeres Haus
himmlisches Dasein – höllisches Dasein
Darf ich stören?, Guten Appetit, offen gesagt

das Hab und Gut
das Für und Wider

dastehen wie ein begossener Pudel, wissen, wie der Hase läuft
frieren wie ein Schneider

dumm wie Brot, sich freuen wie ein Schnitzel

eine Fahrt ins Blaue – eine Fahrt ins Weiße

H. Burger:

Auf gut Glück, in (des) Teufels Küche kommen

Das ist kalter Kaffee.
Otto hat einen Narren an Emma gefressen.
Die Flinte ins Korn werfen, Maulaffen feilhalten, gang und gäbe sein

Seine Hand/seine Hände im Spiel haben, bis zum Hals/bis über den Hals
Sich etwas im Kalender anstreichen/sich etwas rot im Kalender anstreichen

Schlechter Rat ist teuer.

Guten Tag, Grüß Gott
Ich eröffne die Verhandlung
Nicht wahr?

Öl ins Feuer gießen, jemandem einen Korb geben; einen Streit vom Zaun brechen, jemandem
ein Loch in den Bauch fragen, blinder Passagier; sich die Zähne putzen

Glas um Glas
Von Mann zu Mann, von Tag zu Tag

3

Klipp und klar, fix und fertig, frank und frei

Frieren wie ein Schneider, dumm wie Bohnenstroh, flink wie ein Wiesel

Sein oder nicht sein, das ist hier die Frage
Nicht immer, aber immer öfter

Das Rote Kreuz, das weiße Haus

Einstweilige Verfügung, eine Dividende ausschütten, spitzer Winkel, jemanden matt setzen

Zur Entscheidung kommen/bringen/stellen/stehen

Meines Erachtens, nicht wahr? So weit ich weiß

Mit der Faust auf den Tisch hauen/schlagen

Einen Haken haben, keinen Bock auf etwas haben

Etwas an den Mann bringen

Kluger Kopf

An der Quelle sitzen

Er vergeudet/verschwendet seine Zeit, Meine Zeit ist kostbar, Das kostet mich wertvolle Stunden.

Kalte Füße bekommen, die Hosen voll haben, jemandem bleibt das Herz stehen, jemandem sitzt die Angst in Nacken

Eine taufrische Garantie

Wes' Brot ich ess', des Lied ich sing. Gut Ding will Weile haben.
Kommt Zeit, kommt Rat.
Was zu viel ist, ist zu viel.
Wir sind alle nur Menschen. Man lebt nur einmal.

Eigentor stinkt. Überstund hat Geld im Mund.

Perlen vor die Säue werfen
Bis der Arzt kommt

Kohlhaas schäumte vor Wut.
Einem in den Wurf kommen, in seinem Fach(e) sein
Wie vom Wetter gerührt, Öl zum Feuer gießen
Dann toben sie wie wilde Tiere umher, *fallen mit der Tür in das Haus* und verderben alles durch rasendes Ungestüm.
Bei Tafel musste er neben ihr *seinen Platz nehmen.*
Allein es ist schwer, in lustiger Stimmung, und wenn man dem Witze *den Zügel schießen lässt,* nicht in einen satirischen Ton zu fallen.

Der rote Faden
Jemandem keine Ruhe lassen

Zeigen Sie Ihrem Zahnarzt die Zähne.
Arafat geht in die Luft.
Wenn Sie Gas geben, sparen Sie Kohle.

Allererste Sahne sein, in die Gänge kommen, sich den Mund fusselig reden, für einen Apfel und ein Ei, weder Fisch noch Fleisch

Kein Bein, Das [sch]leckt keine Geiß weg, Merci vielmals!

In alles seinen Kren reiben
Sein Heu nicht auf der selben Bühne haben

Jemand kann sich alle zehn Finger abschlecken – sich die Finger/alle zehn Finger nach etwas lecken

Jemandem die Stange halten

In tschari gehen
Revue passieren lassen, Pièce de résistance

D. Busse:

Hegen und pflegen, bitten und betteln

Zwischen Tür und Angel, mit Hängen und Würgen, auf Gedeih und Verderb

Ein Herz und eine Seele sein, Feuer und Flamme sein

Bei jemandem ist Hopfen und Malz verloren, von Tuten und Blasen keine Ahnung haben

Heimlich, still und leise; Jubel, Trubel, Heiterkeit; Friede, Freude, Eierkuchen
Frisch, fromm, fröhlich, frei

Der kalte Krieg
Die Telefonnummer wählen

Das Weimarer Reich, die Französische Revolution, der Deutsche Idealismus, der Sturm und Drang, der Deutsche Bundestag

Abwasch hin, Abwasch her; sicher ist sicher; das wird und wird nichts; was zuviel ist, ist zuviel; Du und pünktlich? Das und funktionieren? Ein Bild von einem Mädchen

Angst machen
In Anspruch nehmen

Schweigen wie ein Grab, weiß wie Schnee; dastehen wie der Ochs vorm Berge; frech wie Oskar

Flink wie ein Wiesel; lügen wie gedruckt; Reden, wie einem der Schnabel gewachsen ist, jemand tut, als hätte er die Weisheit mit Löffeln gefressen

<u>H-H. Lüger:</u>

Herzlichen Glückwunsch, gern geschehen, offen gesagt

Guten Appetit, Wie geht's? Grüß Gott

Um das einmal so auszudrücken, wie heißt es doch so schön?

Jetzt reicht es; darf ich bitten? das kann nicht wahr sein! Schwamm drüber!

Jetzt schlägt's dreizehn! Du kriegst die Motten! abwarten und Tee trinken! um es noch einmal zusammenzufassen

Guten Tag – Good afternoon – Bonjour, Monsieur/Madame
Haben Sie schon gegessen?

Komm doch mal vorbei

<u>W. Schindler:</u>

Auf Teufel komm raus

Einen Vortag halten, Zähne putzen, etwas ist faul im Staate Dänemark, Es gibt viel zu tun, packen wir's an, Neue Männer braucht das Land, Oh Tannenbaum

Angst haben – Angst verspüren
Das weiß ich nicht – ^{M}über diese Information verfüge ich nicht
Das ist mir neu – ^{M}Das wusste ich bis gerade eben noch nicht

Freud und Leid, Tag und Nacht, werdende Mutter

Ursache und Wirkung, lesen und schreiben

2. Themenbereich: Innovation und Bedeutungsentwicklung – Möglichkeiten der Wortschatzveränderung

Chr. Wanzeck:

Trachtengruppe, Strampelanzug,
Troll

Freizeitkiller
Toy

Schokolade, Schimmel

Das Abspeichern dauert Stunden.
Diese Wunde muss der Arzt sehen.

Wie gefällt dir mein Häuschen?
Das Bestehen der Prüfung ist nicht unwahrscheinlich.

Gift

Blutsauger, Maus

Umwelt, gut aufgestellt, Lichterkette

Christfest, Gleisnerei, Hausgesinde

Bauchgrimmen, deinethalben, lustwandeln, Mundtuch

Feuerglocke, Fürstendiener, Angebinde

Schreibmaschine
Weib, taubstumm
Abendmahl
Bauersmann
Bratsche

mhd. *hort*

J. Androutsopoulos:

Chillen, aus- abchillen, Cill-out

Cool, abchecken, abhängen

Piece, Tag, Toys

Freak, Chaot, Softi, Grufti, Normalo

Schokoladenjunkie, Telefonjunkie, Angeljunkies, Esoterikjunkies, Wissensjunkies

und ich so: cool!

gähn, kotz, laber laber, schäm

null Kohle, null interessant, ich blick das null

Sie ist voll die gute Lehrerin.

Ich habe fertig, Da werden Sie geholfen
Warmduscher, Die-Frau-fürs-Leben-gefunden-Haber, Frauenversteher
Voll krass

E. Neuland:

Froi, 4u
lol, hdl
grins, heul, freu

Braut, Penner
Ätzend, cool, geil, abfahren, anmachen, Macker, Prolo, Torte

Philister, Gnoten, Schurren
Mucker, Stubenhocker, Trauerklöße
gassatum gehen, Konkneipant, in schwulibus sein
studentikos, burschikos
dummer Junge
promovieren, Illiade, Musen

Streberleiche, Klatschmemme
Kulle watzen, Halla

Arschpauker
pauken, spicken
Autoritäts-Bonze, Mecker-Monster
Partys
stress, homework, kumpellike, actionmäßig

gammeln, hotten, stenzen
Tastenhengst

bombig, dufte, bescheuert, stumpf
Himbeer-Heini, halbe Bluse
Schlaglochsucher, Drüsenschau/Illusionsbunker

Establishment
Solidarisieren – Mitmarschieren!

Autorität, Kapitalismus, Entfremdung
Herrschaftsfreier Raum, Potential antiautoritärer Kräfte
Sit-in

Irgendwie
Eben, halt, drum, naja, ne

Biojoghurt, Ökofilter
Müslimann, aldinativ

Sprayen, taggen
Bangen, stage diving
Dreadlocks, chucks, docs

Outdoor-freak, shoppen, chillen

P. Koch:

Span. *haya, hayuco / Buche, Buchecker*
Span. *pera, peral / Birne, Birnbaum*

D. Cherubim:

Huld
bestallen
weiland, Galanteriewaren

Goethen lesen, Die Gottschedsche, des Bürgermeisters Kalen, der Frauen Annen Catherinen

erbauet, beigesetzet, bedrohet

seines Alters war er

So sind auch die Umstände, unter denen ich meine Reisepläne entworfen, ...

ächt, tugentsam, Herzobtumb, bey, gebohren, That, Aerger, Gedaechtniss, Capital, marschiren, reducirt

Soest, Voigt, Luidger

in diesem Sinne, zu Rate ziehen, zu Kreuze kriechen, jemanden einen Bären aufbinden

alle viere von sich strecken, alle neune kegeln

Schreibe/schreib

boll/bellte, troff/triefte, rufte/rief

Familienglieder/Familienmitglieder, Einfluss üben/Einfluss ausüben

behändigen/aushändigen, entmissen/vermissen

Gemäßheit, Gerechtsame

Erzhalunke/Erzbischof, Afterglauben/Afterdienst, abertausend/Aberglaube/abermals

Akademie zu Berlin, gegen Abend, über dieser Angelegenheit

Alldieweil, sintemal, geschweige denn, traun

Röslein rot, und lebten sie lange zusammen

Und habe kein Geld

Der Herr wünschen? Wünsche wohl geruht zu haben!

Die Unaussprechlichen, der Gottseibeiuns

Jahres-Temperatur, Hafen-Bureau
Lobrede von der Uhralten Teutschen HaubtSprache

Otfried, Notker, Hadumod, Siegtraut

medias in res, per definitionem, ceteris paribus, ab ovo, in nuce, pro domo

Leumund, Mündel, Vormund

Haben der Herr gut gespiesen? Hat es gemundet? Hat's Euch nicht geschmacket?
Hat Er gedient? In jenen weiland SPD-Wählerinitiativen

H. Wiese:

Tschüssi, Tschüs(s)chen, Hallöchen
Tagchen

Mütterchen, Schnurzelchen

Liebchen, Doofi

Barcelönchen, Neapelchen, Budapestchen

Studi, Ersti

3. Themenbereich: Typen des Bedeutungswandels

<u>Chr. Wanzeck:</u>

Favorit(en), Gewehr
kurios, Junggeselle
Hochzeit

Essenz
drastisch
Dekan
Ding

Krone, verrückt
Speicher

Hasenfuß, Lockenkopf
trinken

Kreuzgang
Feierabend
Bordell

banal, Despot, Dämon
Dirne

Marschall, Minister, Prestige, Arbeit

<u>A. Blank (1993):</u>

vlt. *adripare* > fr. *arriver*

engl. *deer*

lt. *inodiare* > fr. *ennuyer*
mittellt. *cancellarius* > dt. *Kanzler*
lt. *nescius* > engl. *nice*

mhd. *sere* > nhd. *sehr*

lt. *captivus* > it. *cattivo*
lt. *tutari* > fr. *tuer*
ahd. *sleht* > nhd. *schlecht*

lt. *manducare*
klt. *testa*

A. Blank (1999):

lt. *pecunia*
engl. *mouse*

lt. *pupilla* > engl. *pupil (of the eye)*

lt. *avunculus* > fr. *oncle*

lt. *frumentum* > fr. *blé*
lt. *tenere* > sp. *tener*

it. *casino*

sp. *café cortado* > *cortado*

R. Keller/I. Kirschbaum:

rüstig, zudringlich, blau

geil

mhd. *frowe*

dumm, doof, blöde
dramatisch, theatralisch, prosaisch
kindisch

scharf
toll
fabelhaft, phantastisch, wunderbar

überflüssig, gemein, merkwürdig
historisch, barock

gefälligst

H. Paul:

Schirm, Fass

fertig

Auge, Ader, Horn, Kelch

Hals, Rücken, Saum

12

Fuß, Haupt

Der Baum treibt Knospen, die Sonne zieht Wasser
Das Gewehr versagt

Segel
Rotkehlchen, Lügenmaul, starker Geist, schöne Seele
Leibchen
Die ganze Stadt weiß es schon, Frauenzimmer

Ein Goethe, Schiller, ein Raphael

Tausend mal, ein Strom von Tränen, das dauert eine Ewigkeit

Dreck

nicht übel

E. C. Traugott:

lt. *musculus*

span. *braceros*

engl. *undertaker*

engl. *thermos*

engl. *meat*

engl. *only, mere*

engl. *cow/beef, pig/pork, sheep/mutton*

engl. *to dust*

BEI GRIN MACHT SICH IHR WISSEN BEZAHLT

- Wir veröffentlichen Ihre Hausarbeit,
  Bachelor- und Masterarbeit

- Ihr eigenes eBook und Buch -
  weltweit in allen wichtigen Shops

- Verdienen Sie an jedem Verkauf

Jetzt bei www.GRIN.com hochladen und kostenlos publizieren